BEI GRIN MACHT SICH IHR
WISSEN BEZAHLT

- Wir veröffentlichen Ihre Hausarbeit,
  Bachelor- und Masterarbeit

- Ihr eigenes eBook und Buch -
  weltweit in allen wichtigen Shops

- Verdienen Sie an jedem Verkauf

Jetzt bei www.GRIN.com hochladen
und kostenlos publizieren

Bibliografische Information der Deutschen Nationalbibliothek:

Die Deutsche Bibliothek verzeichnet diese Publikation in der Deutschen National-
bibliografie; detaillierte bibliografische Daten sind im Internet über http://dnb.d-
nb.de/ abrufbar.

Impressum:

Copyright © 2013 GRIN Verlag, Open Publishing GmbH
Druck und Bindung: Books on Demand GmbH, Norderstedt Germany
ISBN: 978-3-668-03477-8

Dieses Buch bei GRIN:

http://www.grin.com/de/e-book/305600/feministische-linguistik-und-die-macht-der-
sprache

Franziska Kraus

Feministische Linguistik und die Macht der Sprache

GRIN Verlag

HAWK Hildesheim

Fakultät für Soziale Arbeit und Gesundheit

Studiengang Soziale Arbeit

Feministische Linguistik

Und die Macht der Sprache

Seminar: Gender- und Diversity als berufliche Handlungskompetenz

Inhaltsverzeichnis

1. Einleitung

Vor mehr als dreißig Jahren entstand ein neues Forschungsgebiet innerhalb der Sprachwissenschaft: Die feministische Linguistik. Sie versteht sich als Teil einer sozialen Bewegung, eben der Frauenbewegung. Sie möchte die Sprache nicht wie die herkömmliche Linguistik nur beschreiben sondern die Sprachnorm und das Sprachsystem kritisieren. Die Feministische Linguistik stellt sich unter anderem die Frage, wie Frauen bzw. das weibliche Geschlecht in der Sprache vorkommen und welche Bereiche der Sprache männlich geprägt sind. Sie vertritt die Auffassung, dass Frauen durch Sprache systematisch unterdrückt werden und möchten durch Kritik zur Veränderung dieser Erscheinung beitragen. Es heißt Frauen werden zum Beispiel durch die Sprache diskriminiert, indem sie oft nur mit gemeint und nicht explizit genannt werden. Dies ist der Fall bei der sehr häufig vorkommenden Bezeichnung von Frauen mit einem Maskulinum: z. B. „der Einwohner", „der Leser", „der Bürger", „der Lehrer".

Heute, knapp 30 Jahre nach der Frauenbewegung hat sich schon einiges getan in der Sprachentwicklung. Viele geforderten Veränderungen von damals sind heute umgesetzt. So gibt es in jeder Stellenbeschreibung zum Beispiel auch die weibliche Berufsbezeichnung. Ich werde in dieser Ausarbeitung der Frage auf den Grund gehen, ob Frauen wirklich durch die Sprache unterdrückt wurden und wenn ja, ob das heute noch so ist.

Hier möchte ich zuerst auf die historische Entwicklung eingehen. In Kapitel 3 werde ich auf die derzeitige feministische Linguistik eingehen und ein paar sehr gelungene Sprachleitfäden vorstellen. Darauf werde ich das HAWK Wörterbuch einmal genauer beleuchten und wenn möglich um ein paar Begrifflichkeiten ergänzen. Im vorletzen Kapitel werde ich genauer auf die Macht der Sprache eingehen, was sie bewirkt und warum man sich als Sozialarbeiterin dessen bewusst sein muss. Die Ausarbeitung endet mit einem Fazit.

2. Geschichte der Frauenbewegung

Die Geschichte der Frauenbewegung ist die Geschichte der feministischen Linguistik. Im folgenden möchte ich auf diese genauer eingehen.

2.1. Die erste deutsche Frauenbewegung

Der Beginn der Frauenbewegung lässt sich ungefähr ins 18. Jahrhundert legen. 1865 war in Deutschland der erste formale Zusammenschluss im Rahmen einer Frauenkonferenz. Die damaligen Frauenbewegungen lassen sich in zwei Gruppen teilen. Die eine Gruppe bezeichnet man als die proletarische Frauenbewegung. Sie forderten das Recht der Arbeit für jede Frau, Industrie- und Handelsschulen für Frauen, Chancengleichheit im Beruf und das gleiche Gehalt wie die männlichen Arbeiter. Dann gab es noch die bürgerliche Frauenbewegung. Ihre Ziele waren vorherrschend die Frau in ihrer Mutterrolle zu stärken. Damit ist nicht nur die biologische Mutterrolle gemeint sonder auch die geistige. Sie wollten sich weiterbilden, ihre Familie unterstützen und politisch gleichgestellt werden. Der Unterschied dieser zwei Frauenbewegungen lag in der Sichtweise und Lebenssituation. Während die bürgerliche Frauenbewegung es wichtig fand die Frau in ihrer Mutterrolle und Familienrolle zu stärken und ein Recht auf Bildung wünschten, ging es der proletarischen Frauenbewegung um den Lebensstandart. Die Frauen waren dazu gezwungen zu arbeiten und wollten gerechtere Chancen um ihre Situation zu verbessern. Die Frau sollte als ganzes respektiert werden, auch ohne Mann und Kind. *(vgl. Onnen-Isemann/Bollmann 2010: 17-18)*

Erfolge die diese Frauenbewegungen erzielten waren kleine erste Schritte in die richtige Richtung. So durften Frauen zum Beispiel um das Jahr 1895 als Gasthörerinnen an Universitäten sein. Um das Jahr 1900 wurde es ihnen auch gestattet sich an diesen zu immatrikulieren. Die Vereinsfreiheit für Frauen trat 1908 in Kraft.

(vgl. Onnen-Isemann/Bollmann 2010: 19-21)

Viele dieser sich erkämpften Rechte verloren die Frauen wieder in der Zeit des Nationalsozialismus. Ihnen wurden Berufe wie Richterin und Rechtsanwältin untersagt, sie verloren die Zulassung zur Habilitation und unter anderem das passive Wahlrecht. In der Zeit des Nationalsozialismus wurde sehr viel Wert auf die Frau in ihrer Hausfrauenrolle und Mutter gelegt und die erkämpften Rechte und Ziele gingen verloren. *(vgl. Onnen-Isemann/Bollmann 2010: 22)*

Die Frauenbewegungen mussten sich nach dieser Zeit erst wieder neu finden und bilden.

2.2. Die zweite deutsche Frauenbewegung

Die neue Frauenbewegung lässt sich auf die Studentenbewegung um 1978 zurückführen. Es waren Frauen mit den verschiedensten Vorstellungen und Zielen. Sie waren sich insofern einig das sie eine Veränderung der sozialen Lage für Frauen wünschten. Dieses geschah unter Ausschluss der Männer. Sie wollten einen Beitrag zur Gesellschaft leisten der besser sein sollte, als das was die Männer bisher je geleistet hatten. Unter anderem wurden auch viele feministische Projekte gestartet, zum Beispiel feministische Gesundheitszentren, Frauenhausprojekte und verschiedene Frauenfachgruppen. In diesen Zusammenhängen wurde auch wieder das Thema Sprache und Geschlecht aufgegriffen.
(vgl. Onnen-Isemann / Bollmann 2010: 23-25)

2.2.1 Frauensprache

Der Zusammenhang von Frauen und Sprache oder sogar das Frauen ihre eigene Sprache haben geht nicht auf die Frauenbewegungen zurück, sondern wurde von ihnen nur aufgegriffen. Der Begriff Frauensprache stammt aus dem 17. Jahrhundert. Kaufleute berichteten damals von Stämmen, welche sie auf ihrer Reise gesehen hatten, wo die Frauen und die Männer eine unterschiedliche Sprache gesprochen haben. *(vgl. Samel 1995: 21.24)*

Die Frauenbewegung, welche das Thema der Frauensprache wieder aufgegriffen hat, interessierte sich besonders für die Diskriminierung der Frau durch die Sprache, sowie die Unterschiede der Geschlechter im Sprachverhalten.

Frauen aus Frauenzentren, politischen Frauengruppen und Frauen aus Selbsterfahrungsgruppen kamen zusammen und tauschten sich über dieses Thema aus. Sie kamen zu dem Ergebnis, dass die männliche Dominanz sich nicht nur auf das öffentliche Leben der Frau, sondern auch auf die Frau selbst, das Denken, das Sprechen und auf ihren Körper auswirkt. Sie fühlten sich systematisch von den Männern ausgeschlossen. *(vgl. Samel 1995: 16-18)*

Nachdem sich die Frauen der patriarchalischen Gesellschaftsstruktur bewusst wurden, stellten sie sich die Frage inwieweit sie durch Sprache benachteiligt werden. Da sich der Mensch zum großen Teil durch Sprache definiert, bildet sich auch die eigene individuelle Identität aufgrund der gesprochenen Sprache.
(vgl. Samel 1995: 18-21)
Sprache ist mehr als nur eine reine Mitteilung. Sie ist Ausdruck von Gefühlen, Gedanken und Vorstellungen eines Menschen (*vgl. Wawrinowski 1997: 242*).

> *„Denken ist an das Werkzeug Sprache geknüpft. Denken wirkt auf Sprache ein. Die Sprache einer Gemeinschaft spiegelt ihr denken wieder."*
> *(Wawrinowski 1997: 242)*

Dieses würde bedeuten, dass sich unsere männlich geprägte Sprache auf das Selbstbild der Frau negativ auswirkt und sie dadurch, wenn auch unbewusst, Diskriminierung erfährt. Da sie nur mitgemeint ist, wird sie nicht angesprochen und in das Denken nicht mit einbezogen.

Die feministische Sprachwissenschaft will daher ein Bewusstsein für Sprache wecken. Sie will zeigen, das es sich bei unserer Sprache um eine männlich geprägte Sprache handelt. Die Sprache nimmt die Frauen nicht wahr und lässt sie unsichtbar erscheinen. Die feministische Sprachwissenschaft soll helfen Lösungen für eine geschlechtergerechte Sprache zu finden.

3. Feministische Sprachwissenschaft

Betrachtet man nur das Sprachsystem wird schnell klar, dass Frauen in der Sprache und durch die Sprache diskriminiert wurden und noch immer werden. Die feministische Linguistik geht, wie oben bereits erwähnt, von einer patriarchalischen Sprache aus, in welcher Männer dominieren und Frauen benachteiligt werden. Sie leitet diese These aus den Asymmetrien im Sprachsystem ab und fordert den Abbau der sprachlichen und gesellschaftlichen Diskriminierung von Frauen.
(vgl. Hellinger 1990: 12)
Dies soll durch eine Sprachveränderung weg von einer androzentrischen Sprache, hin zu einer Sprache, die Frauen und Männer gleichwertig behandelt, realisiert werden.
Die feministische Linguistik hat es sich zur Aufgabe gemacht, die Asymmetrien aufzudecken, nicht als gegeben zu sehen und nach Alternativen zu suchen, in der die sprachliche Gleichbehandlung von Frauen und Männern gewährleistet wird.
(vgl. Hellinger 1990:12)

3.1. Gelungene Sprachleitfäden

In den letzten Jahren hat sich in der feministischen Linguistik sehr viel getan. Es wird vermehrt darauf geachtet, Frauen und Männer gleichermaßen anzusprechen und es gibt Leitfäden, welche dabei helfen sollen. Im folgenden möchte ich die Sprachleitfäden von der deutschen UNESCO, dem Bundesverwaltungsamt für Büroorganisation und Bürotechnik, sowie dem Bundesministerium für Unterricht, Kunst und Kultur vorstellen, da ich diese für sehr gelungen und vollständig halte.

3.1.1. UNESCO

Die Deutsche UNESCO hat bereits 1993 mit Hilfe von Marlis Hellinger und Christine Bierbach Richtlinien herausgegeben, die für einen nicht sexistischen Sprachgebrauch zu beachten sind.
In den Richtlinien steht, dass eine Sprache sexistisch ist, wenn sie Frauen in Abhängigkeit und Unterordnung zu Männern beschreibt.

Diese Richtlinien sollen die geläufigen Sprachmuster sichtbar machen und bessere Alternativen vorschlagen. *(vgl. Hellinger / Bierbach 1993: 1-5)*

Es wird geschildert, dass Personenbezeichnungen im Kampf um die sprachliche Gleichbehandlung die größte Rolle spielen. Man unterscheidet in 3 Kategorien:

"die Schwester, die Ärztin sind Femina, die auf eine weibliche Person Bezug nehmen; der Bruder, der Ingenieur sind Maskulina, die auf eine männliche Person Bezug nehmen; das Individuum, das Senatsmitglied sind grammatische Neutra, die sowohl auf eine weibliche , wie eine männliche Person referieren können. Zu den wenigen femininen Personenbezeichnungen, die eine geschlechtsneutrale Bedeutung haben, gehören z.b. die Person, die Fachkraft; zu den geschlechtsneutralen maskulinen Personenbezeichnungen gehören z.b. der Mensch, der (Fernseh)star." *(Hellinger / Bierbach 1993: 5)*

In der deutschen Sprache gibt es nur sehr wenige geschlechtsneutrale Personenbezeichnungen. Dieser Umstand führt dazu, dass maskuline Personenbezeichnungen genannt werden, wenn auch Frauen gemeint sind.

Dieses widerspricht einem geschlechtergerechten Sprachgebrauch. Zwei Prinzipien müssen hier also eingehalten werden um den geschlechtergerechten Sprachgebrauch zu gewährleisten.

Da ist einmal das Prinzip der sprachlichen Sichtbarmachung. Dieses fordert, dass wenn Frauen gemeint sind, sie auch direkt angesprochen werden sollen. Evtl. müssen dafür auch Personenbezeichnungen neu geschaffen werden. Ein gutes Beispiel hier wäre "die Feuerwehrfrau".

Das zweite Prinzip spricht von sprachlicher Symmetrie. Es besagt, dass wenn von Frauen und Männern die Rede ist, beide Geschlechter auch angesprochen werden sollen. *(vgl. Hellinger / Bierbacher 1993: 5)*

Im folgenden möchte ich genauer auf die Beispiele der UNESCO eingehen und diese vorstellen. Im linken Tabellenabschnitt steht die alte Sprachweise, im rechten die neue geschlechtergerechte Sprachweise. Unter der Tabelle ist die Regel kurz erklärt.

Alt	Neu
Herrn Otto Meier und Frau	- Frau und Herrn Meier - Fran Anna Meier und Herrn Otto Meier

- Die Nennung von beiden Namen ist symmetrisch.

Sehr geehrte Frau Doktor Müller	- Sehr geehrte Frau Dr. Müller - Sehr geehrte Frau Doktorin Müller

- Der Titel einer weiblichen Person sollte in femininer Form erscheinen.

ein Sachbearbeiter	- eine Sachbearbeiterin bzw. ein Sachbearbeiter

- Die genannte Reihenfolge (männlich – weiblich) sollte häufiger geändert werden. Dieses trägt dazu bei das sich niemand benachteiligt fühlt.

Besucher bitte in Zimmer 64 melden	- BesucherInnen bitte in Zimmer 64 melden

- Durch Splitting (feminine und maskuline Bezeichnung in einem Wort) kann auf beide Geschlechter Bezug genommen werden.

Nur für Nichtraucher	Rauchen verboten Bitte nicht rauchen

- Umformulierungen vermeiden Splitting.

Der Staat ist hart im Nehmen – das weiß jeder, der Steuern zahlt	Der Staat ist hart im Nehmen – das wissen alle, die Steuern zahlen

- Umformulierung mit dem neutralen Wort "alle".

Man muss das Gerät lediglich an einen Fernseher anschließen	Das Gerät muss lediglich an einen Fernseher angeschlossen werden.

- Vermeidung von „man" durch den Gebrauch des Passivs.

Ärzte und Krankenschwestern protestieren gegen die geplanten Einsparungen	Ärztinnen und Ärzte sowie das Pflegepersonal protestieren gegen die geplanten Einsparungen

- Konstruktionen die eine Statushierarchie zwischen Männern und Frauen aufbauen sollten vermieden werden. *(Hellinger / Bierbach 1993: 6-10)*

Diese Textbeispiele zeigen, dass es durchaus möglich ist einen geschlechtergerechten Sprachverlauf zu folgen. Es gibt viele Lösungsmöglichkeiten.

3.1.2. Bundesverwaltungsamt

Ein weiterer gelungener Sprachleitfaden wurde von dem Bundesverwaltungsamt, der Bundesstelle für Büroorganisation und Bürotechnik, im Jahr 2004 rausgegeben. Unter dem Titel: „Sprachliche Gleichbehandlung von Frauen und Männern", geben sie Hinweise und Beispiele für Anwendungsmöglichkeiten.

Sie begründen die Wichtigkeit ihrer Broschüre mit dem Satz:" *Die Sprache ist nicht nur unser wichtigstes Verständigungsmittel, sondern gleichzeitig auch Bewusstseinsträger."* (*BBB-Merkblatt 2002: 4*)

Genau wie in den Richtlinien der UNESCO geht auch die Bundesverwaltung auf die Personenbezeichnungen ein und gibt verschiedene Möglichkeiten vor, wie maskuline Personenbezeichnungen vermieden werden können. Auch geben sie Beispiele aus der Praxis um darzustellen das überall wo Frauen gemeint sind, auch Frauen direkt angesprochen werden sollen. (*vgl. BBB-Arbeitshandbuch 2002*)

Anders als die UNESCO geht das Bundesverwaltungsamt jedoch auch auf die negative Seite der geschlechtergerechten Sprache ein. Eine klare, freundliche und leicht verständliche Verwaltungssprache muss nämlich angestrebt werden, damit jeder sie verstehen kann. Für die Verwaltungssprache ist es wichtig, dass die Verständlichkeit nicht unter der geschlechtergerechten Sprache leidet. Es werden 3 Beispiele genannt, die ich gerne wiedergeben möchte:

> Der Käufer und/oder die Käuferin

- Diese Ausdrucksweise ist nicht eindeutig und darf so nicht genutzt werden.

> Alle BürgerInnen und ArbeitnehmerInnen. Die Beamt(en)/innen.

- Die Formulierung muss sprechbar bleiben.

> Erklärung des/der Antragsteller(s)/in oder sein(es)/er bzw. ihr(es)/er gesetzlichen Vertreter(s)/in...

- Unverständliche Satzkonstruktionen lassen die Formulierung unübersichtlich werden. Um Lesewiederstände zu vermeiden soll der Satzbau so wenig wie möglich vom normalen Sprachgebrauch abweichen

Es ist also wichtig, die sprachliche Gleichbehandlung und eine klare, verständliche Sprache miteinander zu verbinden. *(BBB-Arbeitshandbuch 20002: 8)*

Die Bundesverwaltung erwähnt außerdem dass es bei brieflichen Mitteilungen, die an mehrere Personen gehen, wichtig ist, diese einzeln zu erwähnen. Anreden dienen der persönlichen Ansprache. Die betreffenden Personen lesen den Brief eher und fühlen sich gleichzeitig in ihrer Identität angesprochen.

Also anstatt:

| Eheleute Gerhard M. Hoffmann | Frau Gisela Hoffmann |
| | Herrn Gerhard M. Hoffmann |

(BBB-Merkblatt 2002: 11)

Es wird aber auch erwähnt das eine konsequente Durchführung der Formulierungen und Anredeform zu einem schwer verständlichen Text führen kann. Daher muss individuell geschaut werden, ob es möglich ist, die geschlechtergerechte Sprache einzuhalten.

> Der Antragsteller oder die Antragstellerin, der oder die seinen oder ihren Antrag bei der zuständigen Bearbeiterin oder dem zuständigen Bearbeiter vorgelegt hat.....

- Diese Konstruktionen sind umständlich und schwerfällig und müssen daher vermieden werden.

(BBB-Merkblatt 2002: 12)

Die Bundesverwaltung geht weiterhin auf die Wörter „*man*" und "*jedermann"* ein. Diese Wörter sind nicht geschlechtsneutral und könnten ersetzt werden durch „*frau*" und „*jederfrau*".

Dieses ist allerdings für die Verwaltungssprache noch nicht zu empfehlen, da sich die Verwendung der Wörter noch nicht in den allgemeinen Sprachgebrauch integriert hat.

Auch versucht die Verwaltungssprache das Wort, „*Wer*" nicht zu häufig zu benutzen. Zwar ist es ein neutrales Wort doch lässt es in der Anwendung auf maskuline Personen schließen wie die folgenden zwei Beispiele zeigen werden.

> **Wer seinen** Parkausweis, den **er** für die Benutzung der Tiefgarage erhalten hat, ...

> **Wer** während **seiner** Schwangerschaft...

- Auch wenn das Wort „*Wer*" in Zusammenhang mit einer unbestimmten Gruppe für Frauen steht hört es sich unangemessen an und lässt maskuline Fürwörter entstehen.

(BBB-Merkblatt 2002: 24)

3.1.3. Bundesministerium

Auch das Bundesministerium für Unterricht, Kunst und Kultur hat 2010 einen Leitfaden für geschlechtergerechtes Formulieren herausgegeben. Dieser unterscheidet sich in den Inhalten und Anregungen zur Verbesserung kaum in den eben vorgestellten.

Neu sind allerdings 2 Varianten die ich kurz vorstellen möchte.

Die erste Variante handelt vom großen I (Binnen – I). Hier wird anstelle eines Schrägstrichs einfach der erste Buchstabe (das I) groß geschrieben, um zu zeigen, dass diese Sprachform beide Geschlechter gleichermaßen anspricht.

SchülerInnen, LehrerInnen, TechnikerIn

- Diese Variante funktioniert allerdings nicht bei allen Personenbezeichnungen, wie das nächste Beispiel zeigen wird.

SchulärztIn – Einen Schulärzt gibt es nicht

- Hier würde also nur die weibliche Person angesprochen werden. Bevor diese Variante also angewandt wird, muss geschaut werden, ob sie für alle Wörter zutreffend und passend ist.

Die zweite Variante ist recht radikal und nennt sich das „generische Feminin". Hier wird die oft sprachliche Ungleichheit durch ausschließliche Nutzung weiblicher Formen signalisiert. Um dennoch beide Geschlechter anzusprechen, werden die weiblichen Formen durch das grosse Binnen-I gekennzeichnet.

Ein Schulteam besteht aus 12 SchülerInnen und einer BegleiterIn

---

(Wetschanow 2012: 1-2)

4. Neue Begrifflichkeiten für das HAWK Wörterbuch

Auch die HAWK hat einen Leitfaden für eine geschlechtergerechte Sprache. Die Inhalte und Vorschläge, die in diesem stehen, finden sich auch in den obigen aufgezeigten Sprachleitfäden wieder. Die HAWK hat aber weiterführend noch ein Wörterbuch aufgesetzt, welches Ergänzungen zulässt und sogar wünscht. Das Wörterbuch hat viele Vorschläge für eine geschlechtergerechte Sprache. *(vgl. Müller 2010)*

Ich möchte hier ein paar Ergänzungen hinzufügen welche mir beim durchschauen des Wörterbuches aufgefallen sind. Links steht das Wort welches ich durch das Rechte erneuern möchte.

Allergiker /in :   Menschen mit einer Allergie

Bauunternehmer/in: Das Bauunternehmen

Dienstleister/in :   Die Dienstleistung

Gruppenleiter /in: Die Gruppenleitung hat Frau / Herr…

Hersteller/in: Hergestellt von…

Während meiner Überlegungen zur Ergänzung des Wörterbuches habe ich ein paar Auffälligkeiten festgestellt.

Das Wort *Amateur* lässt sich in das weibliche legen in dem man ihm ein „in" anhängt. Doch bei dem Wort *Amateurhaft* ist dieses nicht möglich. Somit ist es ein Wort welches sich nicht auf das weibliche Geschlecht ändern lässt.

Das gleiche fiel mir bei dem Wort *Kaufmannsladen* auf. Dieses Wort beschreibt meistens für jüngere Kinder einen kleinen Laden zum spielen.

Ein weiteres Wort, über das ich gestolpert bin, ist das Wort *Mannschaftskapitän*. Auch bei weiblichen Spielern ändert sich das männlich geprägte Wort nicht.

Wo ich auch gleich beim Sport bleibe. Spielt eine reine Männergruppe einen Sport heißt sie *Mannschaft*. Tut das gleiche eine reine Frauengruppe heißt sie *Frauenmannschaft*. Es wird also extra nochmal hervorgehoben das es sich um Frauen handelt. Dieses Phänomen haben wir auch bei den Vergleich *Fußball* und *Frauenfußball*. Auch bei dem Wort *Parkplatz* und *Frauenparkplatz* zieht sich das Phänomen weiter durch, den einen Männerparkplatz gibt es nicht.

5. Die Macht der Sprache

Die Sprache, welche wir benutzen, dient nicht nur der Kommunikation, sie kann uns, wenn sie gelungen ist, im übertragenen Sinne viele Türen öffnen und formt uns und unsere Mitmenschen. Da unsere Sprache unbewusst männlich geprägt ist, verbinden wir auch unbewusst Macht und Männlichkeit miteinander. *(vgl. Trömel-Plötz 2007:127)* „Der Ehrenmann, ein Mann von Welt, der Chef, mein Boss." Um nur ein paar Beispiele für Sprache und Macht zu nennen.

Die oft unbewusste Vorstellung das Macht etwas mit Männlichkeit zu tun hat ist nicht nur utopisch, sie beeinflusst uns auch in unserem denken und handeln. Nehmen wir den Richter als Beispiel. Betrete ich ein Gericht, erwarte ich eine männliche Person auf dem Richterstuhl da der Beruf für „typisch männlich" steht und auch die Berufsbezeichnung dieses ausdrückt. Sehe ich eine Frau auf dem Richterstuhl kann es passieren das ich sie weniger akzeptiere, sie weniger wertschätze und ihr weniger Kompetenz zuschreibe. *(vgl. Trömel-Plötz 2007: 127)* Es wird schnell deutlich, das die Sprache ein wichtiges Machtinstrument ist welches bewusst genutzt werden muss, gerade in der Sozialen Arbeit.

5.1. Vor und Nachteile

Die Vorteile einer geschlechtergerechten Sprache liegen für mich in der Gleichbehandlung beider Geschlechter. Sprache ist auch ein Stück Identität und kann den Menschen Selbstwertgefühl vermitteln. Dafür müssen sie sich aber natürlich auch angesprochen fühlen. Durch die Nennung beider Geschlechter oder durch eine Feminisierung der Sprache kann ein umdenken in den Köpfen geschehen und die, wie oben beschriebene Macht, wird nicht mehr nur mit Männlichkeit verbunden.

Nachteile welche entstehen könnten, sind die vielen vorgeschlagenen Sprachformen und Sprachleitfäden. Es ist mit sehr viel Aufwand verbunden einen Text zu schreiben, bzw. eine Sprache zu sprechen, in der beide Geschlechter genau gleich behandelt werden. Doch ist dieses natürlich auch nur eine Frage der Zeit ehe man sich umgewöhnt und es für einen normal ist.

Einen weiteren Nachteil sehe ich, wie das Bundesverwaltungsamt in ihrem Sprachleitfaden schrieb, in der Satzstellung. Ich denke auch dass, gerade in der Verwaltungssprache, die Sätze so einfach wie möglich sein sollten damit auch jeder in der Lage ist, diese Texte zu verstehen.

Dieses gilt nicht nur für die Verwaltungssprache, auch in der Arbeit mit geistig behinderten Menschen oder Menschen mit einer Demenzerkrankung ist es wichtig, klar und deutlich zu sprechen. Da sollte die leichte und verständliche Sprache im Vordergrund stehen.

5.2. Bedeutung für die Soziale Arbeit

Für die Soziale Arbeit bedeutet das Wissen um die Macht der Sprache einen bewussten Umgang mit ihr. Menschen, die in der Sozialen Arbeit tätig sind, haben immer viel mit anderen Menschen zu tun. Um diese wertzuschätzen und ihnen das Gefühl zu geben ernstgenommen zu werden, ist es wichtig sie als individuelle Person anzusprechen. Dazu gehört auch, sie als Person mit einem Geschlecht zu sehen und dieses anzusprechen. Gerade in der Arbeit mit jungen Müttern, alleinerziehenden Frauen oder Frauen mit Migrationshintergrund ist es wichtig, ihnen Selbstvertrauen zu geben. Wie oben beschrieben, nimmt die oft männlich dominierte Sprache den Frauen ein Stück Selbstwertgefühl und Identität. Es ist wichtig, ihnen diese Identität und das Selbstvertrauen zu vermitteln, bzw. wieder zu geben und daher notwendig eine geschlechtergerechte Sprache zu sprechen.

Wichtig ist aber auch, authentisch zu bleiben und eine Sprache zu sprechen, die an das Klientel angepasst ist. Wie oben erwähnt gibt es auch Arbeitsbereiche, bei denen es notwendig ist eine einfache und klare Sprache zu sprechen, in solchen Situationen sollte die Sozialarbeiterin dieses auch tun und sich an den oder die Klientin anpassen. Dieses kann zum Beispiel in der forensischen Psychiatrie sein, in der Arbeit mit behinderten Menschen oder älteren Menschen. Eine geschlechtergerechte Sprache könnte in diesem Fall dazu führen nicht verstanden zu werden.

6. Fazit

Wird die Frau in der Sprache unterdrückt? Meine Antwort auf die anfangs gestellte These muss ich mit „Ja" beantworten. Als ich anfing diese Ausarbeitung zu schreiben habe ich gedacht, dass dieses Thema etwas übertrieben ist und das es nicht so schlimm ist, dass Frauen nur mitgemeint sind und nicht tatsächlich angesprochen werden. Ich dachte, dass wir soweit sind, niemanden mit Absicht zu diskriminieren und das sowas keiner wirklich böse meint. Ich denke, ich lag mit dieser Theorie auch nicht ganz falsch, natürlich will uns keiner systematisch unterdrücken wenn er maskuline Wörter benutzt. Doch was sich unbewusst in den Köpfen der Menschen abspielt, aufgrund der männlich geprägten Sprache, habe ich nicht bedacht. Es ist erstaunlich und erschreckend wozu das Unterbewusstsein fähig ist.

Noch immer finde ich das heute verpönte Wort „Fräulein" nicht schlimm. Ich arbeite in der Altenpflege und bin es gewöhnt noch so angesprochen zu werden, dieses ist von den älteren Herren sicher nicht böse gemeint. Verwende ich jedoch nun den Vergleich und würde beginnen, die unverheirateten Männer mit „Herrlein" anzusprechen, wird erst deutlich, dass es doch eine Diskriminierung ist, dass man eine unverheiratete Frau so genannt hat. Der Grund warum ich es trotzdem nicht schlimm finde so angesprochen zu werden scheint der zu sein, dass die männlich geprägte Sprache in meinem Kopf festgesetzt ist und zum normalen Alltag dazu gehört. Ich denke, dass es nicht nur mir so geht und viele andere Frauen die Sprache und den Sprachgebrauch als selbstverständlich hinnehmen. Der erste Schritt in die richtige Richtung ist also, auf den oft noch männlich geprägten Sprachgebrauch aufmerksam zu machen. Nur durch Routine von neuen, geschlechtergerechten Wörtern wird auch neuer Alltag mit einer neuen Sprache geschaffen. Und nur durch bewusst werden der Auswirkungen der derzeitigen Sprache wird die feministische Sprachwissenschaft auch erst ernst genommen.

a. Literaturverzeichnis

- BBB-Merkblatt (2002): Sprachliche Gleichbehandlung von Frauen und Männern Hinweise, Anwendungsmöglichkeiten und Beispiele 2. Auflage. Bundesverwaltungsamt –Bundesstelle für Büroorganisation und Bürotechnik (BBB).Köln http://www.bmi.bund.de/SharedDocs/Downloads/DE/Ministerium/Hausvorst ellung/sprachliche_gleichbehandlung.pdf?__blob=publicationFile (letzter Zugriff: 10.02.2013)

- Hellinger, Marlis / Bierach, Christine (1993): Eine Sprache für beide Geschlechter. Richtlinien für einen nicht-sexistischen Sprachgebrauch. Deutsche UNESCO-Kommission. Bonn http://www.uni-wuerzburg.de/fileadmin/36020000/user_upload/geschlechtsneutrale_Sprache. pdf (letzter Zugriff: 12.02.2013)

- Hellinger, Marlis (1990): Kontrastive feministische Linguistik. Mechanismen sprachlicher Diskriminierung im Deutschen und Englischen. Hueber Verlag. München

- Müller, Prof. Dr. Anna (2010.): Geschlechtergerechte Sprache an der HAWK. HAWK -Hochschule für angewandte Wissenschaft und Kunst Fachhochschule Hildesheim/Holzminden/Göttingen. http://wikis.hawk-hhg.de/wikis/fields/gendersprache/field.php/Main/Inhalt (letzter Zugriff: 12.02.2013)

- Onnen-Isemann, Corinna / Bollmann, Vera (2010): Studienbuch Gender & Diversity. Eine Einführung in Fragestellungen, Theorien und Methoden. Peter Lang GmbH. Frankfurt am Main

- Samel, Ingrid (1995): Einführung in die feministische Sprachwissenschaft. Erich Schmidt Verlag. Berlin

18

- Trömel-Plötz, Senta (2007): Frauensprache: Sprache der Veränderung. Frauenoffensive. München

- Wawrinowski, Uwe (1997): Grundkurs Psychologie. Studienbuch für Berufe im Gesundheitswesen. Stam Verlag. Köln

- Wetschanow, Mag. Dr. Karin (2012): Geschlechtergerechtes Formulieren. Bundesministerium für Unterricht, Kunst und Kultur. Wien http://www.bmukk.gv.at/medienpool/7108/gender_formulieren_2010.pdf (letzter Zugriff: 12.02.2013)